I0813873

Gran Muralla China

Grace Hansen

abdopublishing.com

Published by Abdo Kids, a division of ABDO, P.O. Box 398166, Minneapolis, Minnesota 55439.

Printed in the United States of America, North Mankato, Minnesota.

052018

092018

Spanish Translators: Laura Guerrero, Maria Puchol

Photo Credits: Granger Collection, iStock, Shutterstock

Production Contributors: Teddy Borth, Jennie Forsberg, Grace Hansen

Design Contributors: Dorothy Toth, Laura Mitchell

Library of Congress Control Number: 2018931834

Publisher's Cataloging-in-Publication Data

Names: Hansen, Grace, author.

Title: Gran Muralla China / by Grace Hansen.

Other title: Great Wall of China. Spanish

Description: Minneapolis, Minnesota : Abdo Kids, 2019. | Series: Maravillas del mundo | Includes online resources and index.

Identifiers: ISBN 9781532180521 (lib.bdg.) | ISBN 9781532181382 (ebook)

Subjects: LCSH: Great Wall of China (China)--Juvenile literature. | China--Great Wall of China--Juvenile literature. | Great Wall of China (China)--History--Juvenile literature. | Spanish language materials--Juvenile literature.

Classification: DDC 951--dc23

Contenido

La Gran Muralla China

La Gran Muralla China está en China. Atraviesa el norte de China.

China

Las primeras partes de la muralla se construyeron hace más de 2,000 años. Qin Shi Huang fue el primer **emperador** de China. Este emperador quería una gran muralla para proteger el país.

Otras **dinastías** continuaron su construcción después de Qin. La mayoría de la muralla se construyó durante la dinastía Ming.

Miles de personas trabajaron en la muralla. La mayoría de ellas eran **campesinos** y criminales. Era un trabajo muy duro. Muchos murieron.

La muralla está hecha de muchos materiales diferentes. La parte de las **llanuras** está hecha de madera, tierra, piedritas y ramitas. La del desierto de **adobe** y tierra. Y en las montañas está hecha de piedras y barro, entre otras cosas.

La Gran Muralla está compuesta de muchas murallas más cortas. ¡En total mide más de 13,000 millas (21,000 km)!

Hay miles de torres de observación a lo largo de la Gran Muralla. Desde allí, señales de humo y fuego avisaban de cualquier ataque.

La **dinastía** Qing no usó la muralla para nada. Después de que China se convirtiera en una **república**, los líderes la ignoraron. Pensaban de ella que era un **símbolo** de crueldad.

Restauración

En 1,976 Den Xiaoping fue elegido líder político. Vio la muralla como **símbolo** de la fuerza de China. Las reparaciones en la muralla empezaron con él, principalmente cerca de Beijing. ¡Hoy en día es un lugar de visita muy popular!

Más datos

- Tardaron más de 1,800 años en construir toda la Gran Muralla.
- La altura promedio de la muralla es de 22 pies (6.7 m). Las partes más altas de la muralla miden 46 pies (14 m) de altura.
- Casi una tercera parte de la Gran Muralla ha desaparecido a lo largo de los años.

Glosario

adobe – ladrillos hechos de lodo con paja y secados al sol.

campesino – trabajador del campo en Asia.

dinastía – serie de dirigentes de la misma familia o grupo.

emperador – dirigente varón de un imperio.

llanuras – área de tierra grande y llana sin árboles.

república – nación donde los que crean las leyes y dirigen el gobierno son elegidos por el pueblo.

símbolo – objeto que representa otra cosa.

Índice

¡Visita nuestra página **abdokids.com** y usa este código para tener acceso a juegos, manualidades, videos y mucho más!